CADERNO DE ESPIRITUALIDADE

Viver não apenas nos fins de semana

Coleção Caderno de Espiritualidade Anselm Grün

- Caderno de espiritualidade – A sublime arte de envelhecer
- Caderno de espiritualidade – Descubra o sagrado em você
- Caderno de espiritualidade – Não desperdice sua vida
- Caderno de espiritualidade – Viver - Não apenas nos fins de semana
- Caderno de espiritualidade – Coragem para tomar decisões

Dados Internacionais de Catalogação na Publicação (CIP)
(Câmara Brasileira do Livro, SP, Brasil)

Grün, Anselm
  Caderno de espiritualidade –Viver : não apenas nos fins de semana / Anselm Grün ; tradução de Nélio Schneider. – Petrópolis, RJ : Vozes, 2022. – (Coleção Caderno de Espiritualidade)

Título original: Leben : nicht nur am Wochenende
ISBN 978-65-5713-679-9

1. Beneditinos 2. Espiritualidade 3. Estilo de vida
4. Trabalho I. Título. II. Série.

22-113085   CDD-261.85

Índices para catálogo sistemático:
1. Trabalho e cristianismo   261.85

Cibele Maria Dias – Bibliotecária – CRB-8/9427

ANSELM GRÜN

CADERNO DE ESPIRITUALIDADE
Viver não apenas nos fins de semana

Tradução de Nélio Schneider

EDITORA VOZES

Petrópolis

© 2021 Vier-Türme-Verlag, 97359 Münsterschwarzach Abtei
Através da Agência Literária Carmen Balcells
Layout & Design: © wunderlichundweigand
Ilustrações: © Shutterstock

Tradução realizada a partir do original em alemão intitulado *Leben – Nicht nur am Wochenende*

Direitos de publicação em língua portuguesa – Brasil:
2022, Editora Vozes Ltda.
Rua Frei Luís, 100
25689-900 Petrópolis, RJ
www.vozes.com.br
Brasil

Todos os direitos reservados. Nenhuma parte desta obra poderá ser reproduzida ou transmitida por qualquer forma e/ou quaisquer meios (eletrônico ou mecânico, incluindo fotocópia e gravação) ou arquivada em qualquer sistema ou banco de dados sem permissão escrita da editora.

CONSELHO EDITORIAL

Diretor	**Conselheiros**
Gilberto Gonçalves Garcia	Francisco Morás
	Ludovico Garmus
Editores	Teobaldo Heidemann
Aline dos Santos Carneiro	Volney J. Berkenbrock
Edrian Josué Pasini	
Marilac Loraine Oleniki	**Secretário executivo**
Welder Lancieri Marchini	Leonardo A.R.T. dos Santos

Editoração: Laís Costa Lomar Toledo
Diagramação e capa: wunderlichundweigand
Arte-finalização: Raquel Nascimento
Ilustrações de capa: © maybealice; Merfin/shutterstock.com
Ilustrações de miolo: © shutterstock.com
Revisão gráfica: Editora Vozes

ISBN 978-65-5713-679-9 (Brasil)
ISBN 978-3-7365-0354-0 (Alemanha)

Este livro foi composto e impresso pela Editora Vozes Ltda.

"Ora et labora"

Princípio de
vida beneditino

Querida leitora, querido leitor,

Para muitas pessoas o trabalho cada vez mais se torna um peso. Elas têm medo de perder a alegria e de não aguentar a pressão das exigências. Apenas poucas pessoas dirão que conseguem fazer o seu trabalho com tranquilidade. Problemas concretos no trabalho também podem causar dor de cabeça.

O "*ora et labora*" beneditino foi a marca da ética do trabalho na Idade Média cristã. Ainda hoje podemos aprender com essa postura ética. É claro que hoje os pressupostos são diferentes dos que havia na época de São Bento. Mas oração e trabalho, recolher-se e sair de si, movimento e descanso, vida e profissão continuam sendo objetivos importantes em nosso tempo. Hoje se fala de equilíbrio entre trabalho e vida. Para São Bento, a oração é a fonte da qual flui o trabalho. E, inversamente, o trabalho é um teste para ver se nossa oração é autêntica; se, em nossa oração, realmente nos libertamos do nosso ego e nos tornamos capazes de nos dedicar a Deus e ao trabalho. Mas o que significa "oração" para o ser humano moderno que não é necessariamente piedoso? Oração significa: ter tempo para recolher-me, ter tempo para descansar, tempo em que interrompo o trabalho para estar totalmente comigo mesmo. Mesmo que as condições externas não sejam as ideais, sempre posso me retirar em oração para dentro do espaço interior da quietude. Esse espaço da quietude não me afasta do trabalho, mas me capacita a manter a tranquilidade interior em meio a uma atmosfera caracterizada pelo barulho e pela correria. Quando realizamos nosso trabalho a partir de uma fonte de energia espiritual, ele se torna uma bênção para nós e para as pessoas com as quais e para as quais trabalhamos.

Desejo e espero que também você, querida leitora e querido leitor, encontrem neste livro estímulos que proporcionem ajuda concreta para si mesmo/a e para seu trabalho.

Para isso, eu gostaria de fazer algumas perguntas importantes e, se você quiser respondê-las para si mesmo/a, haverá espaço suficiente. Além disso, eu gostaria de dar-lhe alguns impulsos para a jornada – você poderá levá-los para seu dia a dia ou usá-los como gancho para puxar conversa com outras pessoas. E, por fim, será uma alegria para mim se meus estímulos e minhas perguntas fizerem você pensar mais a fundo e a encontrar as soluções e respostas que servem exatamente para a sua vida. Se você quiser, também poderá registrar essas respostas neste livro. Nesse caso, este livro talvez se torne um importante companheiro de viagem que você gostará de consultar, complementar e continuar escrevendo até que se torne um livro inteiramente seu.

Cordialmente,
Anselm Grün

"*Ora et labora*" é considerado o lema fundamental dos beneditinos. Ele não se refere só a um vínculo exterior entre oração e trabalho e a uma medida ponderada de tempo para cada um dos dois. Trata-se sobretudo de um vínculo interior. Quando conseguimos vincular interiormente oração e trabalho, somos capazes de trabalhar com tranquilidade interior. No entanto, as condições atuais não favorecem a vivência do "*ora et labora*" beneditino em nosso trabalho. É por isso que vincular oração e trabalho não depende só de nossos pressupostos pessoais; também depende de condições estruturais que possibilitem esse vínculo.

Uma atitude como essa pode nos livrar de sermos oprimidos pelo nosso trabalho. Devemos haurir das fontes interiores para não sermos exauridos pelos esforços cotidianos. É por isso que o "*ora et labora*" beneditino é tão importante para mim. Pois nele fica claro o quanto a espiritualidade é importante como fonte do nosso trabalho. Ela nos põe em contato com a fonte interior que nunca seca. Quando trabalhamos a partir dessa fonte, nosso trabalho se transforma. Ele não é mais só uma atividade penosa ou um dever, mas também se torna expressão da nossa espiritualidade, expressão de amor e entrega.

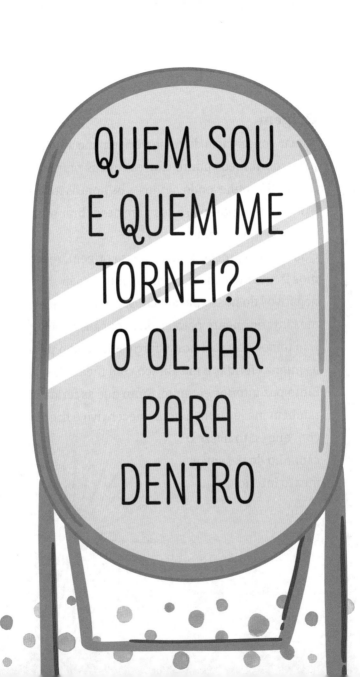

Origem

Tomar consciência da minha origem me ajuda a descobrir meus pontos fortes e meus pontos fracos. Só conhecendo ambos – os pontos fortes e os fracos –, posso usá-los para desdobrar meu potencial no trabalho.

Quando não processamos a nossa origem, repetimos frequente e inconscientemente os aspectos negativos do nosso pai e da nossa mãe. Ou ficamos interiormente paralisados por causa disso. Não temos acesso à nossa força. Então olho para as minhas feridas e me abraço com todas elas. Sinto paz interior em mim. Sinto que as feridas também me levaram a permanecer vivo e fizeram com que eu tomasse o caminho do desenvolvimento interior.

Exercício

Tire um tempo e procure um lugar para refletir sem ser interrompido/a. Se você quiser, leve este livro com você para anotar seus pensamentos (confira a próxima página).

Como foi sua infância? Protegida? Muito agradável? Estressante? Difícil?

Há algo que você ainda sente como trauma da infância? O que é?

Quando pensa em seu pai e sua mãe, você às vezes tem a sensação: "Sou exatamente como minha mãe/como meu pai!" ou "Na minha vida está se repetindo o que aconteceu com meu pai e minha mãe." Isso faz você se sentir bem? Ou acha que é algo difícil de aceitar?

O que você veria como seus pontos fortes e seus pontos fracos?

Se você conseguir fazer algo com esta imagem, dê um forte abraço em si mesmo: ponha os braços em volta de você mesmo/a e tente imaginar que está se segurando – com todos os seus pontos fortes e pontos fracos.

Anote suas ideias neste espaço:

A Bíblia descreve uma cena em que Jacó passa a noite lutando com um homem. Esse homem é uma imagem para os nossos lados sombrios. Jacó não consegue mais reprimir seus lados sombrios e tem que enfrentá-los. No auge da luta, o homem pede que Jacó o solte. No entanto, Jacó responde com esta frase singular: "Não o deixarei ir, se você não me abençoar" (Gn 32,27). O outro de fato o abençoa e lhe dá um novo nome. Ele deixará de se chamar Jacó (Enganador) e passará a se chamar Israel (Guerreiro de Deus).

A melhor preparação para o trabalho é o encontro sincero com nós mesmos, encarando de frente o que percebemos como lados sombrios em nós. Quando nos reconciliamos com esse fato, tornamo-nos mais serenos, sinceros e realistas na relação com outras pessoas. Deixamos de vê-las através dos óculos turvos dos nossos lados sombrios reprimidos e passamos a vê-las como são. Quando enfrentamos nossos lados sombrios, eles se convertem em bênção. Seguimos nosso caminho transformados. E, a exemplo de Israel, seremos uma bênção para muitos.

A imagem da luta com nós mesmos, com os nossos próprios lados sombrios, é bem impressionante. Talvez você ainda não tenha se deparado com isso. Mas, se você refletir: que sombras veria no outro eu que está diante de você? Se quiser, pode registrar no perfil sombreado ao lado o que lhe vier à mente.

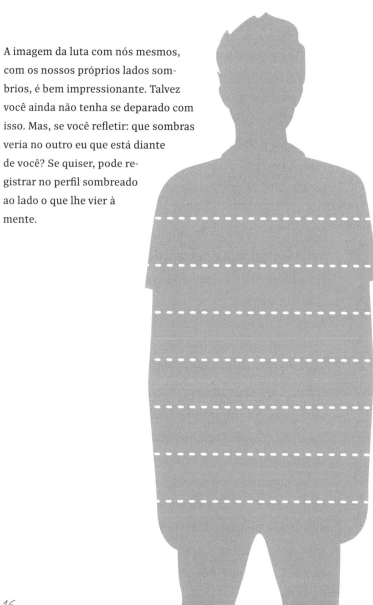

Em latim, abençoar é *benedicere*, que significa literalmente: dizer coisas boas. Como seria se você pedisse para que sua sombra o/a abençoasse? O que ela poderia lhe dizer de bom? O que poderia ajudar você a deixar de lutar com seus lados sombrios e, em vez disso, extrair coisas boas deles; aprender a apreciá-los?

Anote suas ideias neste espaço:

A história da minha vida

Muitas vezes experiências traumáticas da nossa infância impedem que nos relacionemos adequadamente com nosso trabalho e com as pessoas que nos rodeiam. Na psicologia, dizemos que cada pessoa carrega dentro de si uma criança divina e uma criança ferida. Esta sempre se manifesta quando é ferida de modo similar. Às vezes isso acontece por causa de palavras ou encontros totalmente inócuos. De repente, reagimos ofendidos/as e nosso interlocutor nem sabe o porquê. Quando tratamos nossa criança ferida com carinho e a abraçamos, aos poucos ela vai se aquietando. Ela já não grita mais tão alto e mal se mostra incomodada. Ela nos lembra de que ainda existe uma criança ferida dentro de nós. Ela nos torna mais sensíveis conosco e com quem convivemos.

Houve situações em que você mesmo/a se surpreendeu por ficar tão magoado/a com uma observação ou uma atitude de outra pessoa? Ao refletir sobre isso, você sente que toca uma ferida, uma cicatriz obtida no curso de sua vida até agora?

Da próxima vez que você estiver em uma situação como essa, talvez possa se imaginar abraçando essa parte ferida dentro de si e formando uma proteção para que a ferida não volte a se abrir. Às vezes o que ajuda é falar para si mesmo/a algumas palavras encorajadoras, como por exemplo: "Isso não é pessoal" ou "Não vou deixar isso me atingir" ou "Tenho uma ferida, mas não sou essa ferida". Que frase poderia ajudar você? – Ou você teria uma formulação bem própria?

No entanto, não basta abraçar a criança ferida. Devemos voltar nossa atenção também para a criança divina em nós. A criança divina se encontra no fundo da nossa alma e é uma metáfora para a imagem singular que Deus fez de nós para si mesmo; uma imagem de nosso verdadeiro eu e de todas as capacidades com que Deus nos presenteou. Quando estamos em contato com a criança divina em nós, os ferimentos que nos são causados de fora não nos atingem mais, ficamos livres das expectativas e dos juízos das outras pessoas, somos naturais e autênticos. Livramo-nos de todas as imagens alheias que nos foram impostas no curso da nossa vida e das críticas que fazemos a nós mesmos/as. A criança divina nos coloca em sintonia com nós mesmos/as. Ela nos proporciona paz, liberdade, amplidão e vitalidade. E é uma fonte de amor dentro de nós que não seca nem quando não experimentamos amor de fora na mesma proporção.

Imagine: a criança divina dentro de você é a que está mais no centro da imagem ao lado. É seu verdadeiro núcleo – legítimo e inteiramente você mesmo.

Reflita sobre o que poderiam ser as outras cascas que envolvem você.

Quais são as expectativas que você tem – próprias ou alheias?

- - - - - - - - - - -

- - - - - - - - - - -

- - - - - - - - - - -

- - - - - - - - - - -

Quais são as imagens alheias que desfiguram você?

- - - - - - - - - - -

- - - - - - - - - - -

- - - - - - - - - - -

Quais são as críticas que você faz a si? Quais são
as que outros fazem a você?

Que outras coisas encobrem
ou desfiguram você?

Descobrir sua vocação

Martinho Lutero transpôs a palavra latina "*vocatio*" (chamado de Deus) para dentro da atividade secular. Ele fala da profissão humana. Lutero viu a palavra "profissão" também como ofício e posição do ser humano no mundo. Esse duplo sentido ainda hoje vigora na língua alemã. Há quem designe como profissão apenas a atividade visando ao ganho. No entanto, a palavra ainda deixa transparecer que fui vocacionado [*berufen*] para a minha profissão [*Beruf*]. Com frequência temos dificuldade para reconhecer essa vocação. Por isso faz bem retirar-nos mais vezes para um lugar quieto. Quando auscultamos nosso interior e temos a sensação de que um impulso gera em nós vitalidade, liberdade, paz e amor, podemos confiar que esse impulso vem de Deus. A questão seguinte então é como concretizar esse impulso interior em nossa vida, que profissão escolher. O propósito é que a profissão que escolhermos nos traga alegria e que gostemos de exercê-la; que ela nos faça sair a campo e descobrir nossa força. Que ela seja significativa para nós e que tenhamos a sensação de estar realizando algo relevante para nós e para as pessoas.

Sua profissão é algo que você sempre quis fazer? Você geralmente tem facilidade em realizar o trabalho e até tem a sensação de que nem é trabalho, mas pura diversão? Se for assim, provavelmente você encontrou sua vocação.

Se, pelo contrário, o trabalho lhe parece difícil e frequentemente você precisa se convencer a fazê-lo ou até sente aversão crescente a ele, tire um tempo e vá a um lugar em que possa refletir tranquilamente sobre isto:

O que você conseguia fazer ou com que você brincava quando criança por horas a fio sem ficar entediado?

O que fazia você, quando criança, esquecer o tempo e ficar totalmente imerso no momento?

Isso ainda acontece hoje? Poderia ser uma pista para encontrar um novo emprego?

Anote suas respostas neste espaço:

O que você escolheria se pudesse escolher com toda liberdade como passar o dia ou como ganhar dinheiro?

O que impede você de fazer exatamente isso?

O que teria que mudar, o que teria que acontecer para tornar isso possível?

Você tem alguma ideia incomum e aparentemente impossível a respeito de como esses obstáculos poderiam ser superados? Então anote essas ideias aqui. Quando algo é posto "preto no branco", já fica um pouco mais real e talvez dê resultados...

Muitas vezes a realidade nos impede de seguir nossa vocação interior. Nesse caso, a arte consiste em transformar em vocação o trabalho de que fui incumbido ou que fui forçado a escolher. Como funciona isso? Se eu disser um sim incondicional a esse trabalho que eu talvez não tenha escolhido para mim, ele poderá até se converter na minha vocação. Poderei, então, ver minha vocação em fazer de maneira boa e confiável o que me foi dado fazer e alegrar-me com o que estou fazendo. Então meu trabalho se transforma. Ele deixa de ser só um emprego. Eu o preencho com meu amor e minha dedicação. Com meu trabalho confiro forma a uma parcela deste mundo e, pela minha maneira de trabalhar, trago mais alegria, amor e bondade ao mundo. Vejo, então, a minha vocação nisto: transformar em dedicação, amor e alegria o que me é dado fazer.

Podemos achar horrível que, no inverno, escureça tão cedo – ou podemos alegrar-nos por passar mais tempo dentro de casa lendo ou sentados junto à lareira. Podemos ficar incomodados com alguém que gosta de dizer como devem ser as coisas e que quer resolver tudo sozinho – ou podemos nos alegrar por não termos de assumir nenhuma responsabilidade e por podermos nos recostar um pouco. É preciso admitir que isso nem sempre é possível.

E ninguém está dizendo que é fácil. Às vezes, porém, os óculos com que se olha para uma situação realmente fazem a diferença na maneira como vemos o mundo e nos sentimos. E isto precisamente quando não há como mudar as coisas em questão.

> Reflita de que tipo poderiam ser esses óculos com os quais você enxerga seu trabalho: o que poderia ajudar a dizer sim para o que você faz? O que poderia ajudar a considerar o seu trabalho significativo e importante?

Faça aqui suas anotações:

Perfeccionismo

Hoje em dia, muitas pessoas sofrem de esgotamento, de *burnout*. As causas disso são muitas. Uma delas é o perfeccionismo.

Jesus conta uma parábola em que nos convida a despedir-nos de nosso perfeccionismo: um homem semeia boa semente no seu campo. No entanto, depois de algum tempo apareceu o joio crescendo junto com o trigo. Os servos perguntaram ao seu senhor se deveriam arrancar o joio. O senhor, porém, respondeu: "Não, para que não aconteça que, ao arrancar o joio, arranqueis também o trigo. Deixai que os dois cresçam juntos até a colheita" (Mt 13,29-30).

Quando uma pessoa gira em torno do seu perfeccionismo, sempre está com medo de que, apesar de tudo, os outros venham a descobrir suas imperfeições. Esse medo a paralisa. Em todo trabalho que faz, ela está tão fixada em fazer tudo certo que quase não consegue avançar e acha esse trabalho muito penoso. Muitas vezes ela não tem força para criar alguma coisa boa. Em contraposição, naquela pessoa que se concentra no trabalho alguma coisa cresce. Seu trabalho lhe dá prazer e é fecundo para outros.

Às vezes o problema não está no nosso perfeccionismo, mas no clima que reina no ambiente de trabalho. Você tem a sensação de poder cometer erros em seu trabalho? E quando acontece um erro: a primeira medida é apontar o culpado ou encontrar soluções?

Quando você comete um erro, quem é seu maior crítico: as pessoas que convivem com você – ou você mesmo?

Você acha difícil concluir, entregar as coisas, por ter a sensação de que ainda não está bom o suficiente, que ainda falta algo?

Chega a acontecer de você nem começar as tarefas por medo de cometer algum erro?

Você também considera grave quando alguém comete um erro? Como você reage a isso?

Faça aqui suas anotações:

São Bento não exige nenhum perfeccionismo dos seus monges. Ele está ciente dos seus pontos fracos. Ele fala do esmero com que os monges fazem o seu trabalho e lidam com suas ferramentas de trabalho. O perfeccionismo é como que transformado em esmero: "O [monge] que vai terminar sua semana faça, no sábado, a limpeza; lave as toalhas com que os irmãos enxugam as mãos e os pés; ambos, tanto o que sai como o que entra, lavem os pés de todos. Devolva aquele ao celeireiro os objetos do seu ofício, limpos e perfeitos" (*Regra de São Bento* 35,7-10).

Dar um tratamento cuidadoso às coisas é continuar o que se faz no lava-pés: sirvo aos irmãos ao lidar cuidadosamente com elas. O mesmo cuidado que tenho ao tocar os pés dos irmãos emprego ao lidar com as ferramentas e com as coisas da criação. Quando o perfeccionismo é transformado em cuidado e esmero, ele se torna uma fonte boa do nosso trabalho.

Tentações

Antes de atuar pela primeira vez em público – antes de começar seu trabalho, por assim dizer –, Jesus é tentado por satanás. Essas tentações podem ser entendidas assim: antes de dar esse passo foi preciso que Ele enfrentasse seus lados sombrios.

Primeiro satanás manda Jesus transformar pedras em pão. É a tentação de usar tudo para nós mesmos. A única finalidade do trabalho é conseguir vantagens para nós. Ele serve para que ganhemos o máximo de dinheiro possível. No entanto, Jesus diz: "Não é só de pão que vive o ser humano, mas de toda palavra que sai da boca de Deus" (Mt 4,4). Não vivemos só do que rende algo para nós, mas daquilo que de fato nos nutre. Não vivemos só pelo dinheiro. O dinheiro não nutre. Jesus se refere à palavra de Deus da qual vivemos. Isso pode ser interpretado de diversas maneiras. No entanto, isso também se refere aos valores que nos nutrem, que nos proporcionam energia. Sem valores, nossa atividade não vale nada. Temos de ponderar, portanto, os valores pelos quais nos guiaremos no trabalho.

Você já esteve tentado a aceitar um emprego tendo a sensação de que os valores ou objetivos da empresa ou do projeto são incompatíveis com as normas e os valores que você preza? Como você se decidiu e por quê?

Qual é o outro pão que é importante para você no trabalho, ou seja: o que o emprego deve oferecer além de dinheiro para que você se sinta bem nele?

Do que você se nutre? Do que você vive e o que faz você se sentir animado no trabalho?

A segunda tentação: Jesus deve pular do telhado do Templo. Ou seja, espera-se que ele tire o coelho da cartola. Espera-se que ele se destaque diante dos demais. Há quem queira fazer seu trabalho só para brilhar, para colocar-se acima dos demais. Ao fazer isso, com frequência as pessoas perdem a medida das coisas. Seu único objetivo é galgar os degraus da carreira e fazem coisas inusitadas para chamar a atenção, visando chegar ao topo. No entanto, elas correm o risco de despencar de lá repentinamente.

Não se trata de chamar a atenção para talentos especiais, mas de começar realizando bem as tarefas simples. Não se trata de fazer mágica nem de chamar a atenção para mim por meio de truques de mágica. O que se espera é que a minha atividade seja uma bênção para mim e para as pessoas para as quais trabalho.

A terceira tentação de que fala a Bíblia é a do poder. O poder também é uma coisa boa. É ser capaz de organizar algo. Podemos causar algo e pôr algo em movimento. No entanto, há muitos que exercem poder para rebaixar outras pessoas. Isso acontece sempre que procuro compensar meu complexo de inferioridade com o poder. Toda pessoa exerce poder. Com seu trabalho ela pode causar algo e assim criar um clima ao seu redor. Pode muito bem ser um clima em que todos se sentem bem, mas também pode ser um clima de medo com que eu pretendo intimidar os demais. Nesse caso, caí na tentação do poder. Exerço poder, desmerecendo os demais e tornando-os dependentes de mim.

Uma das formas preferidas de exercer poder é deixar os outros esperando. Com isso deixa-se bem claro: você não é tão importante. A sua vez só chegará quando tudo o que é mais importante tiver sido resolvido. Você já se deparou ou sofreu com outros mecanismos e demonstrações de poder na vida laboral?

Você mesmo já se flagrou fazendo tais joguinhos de poder? Em caso afirmativo: qual ou quem foi o motivo disso?

Onde você já vivenciou o poder como algo positivo, como capacitação ou capacidade de organização – em você mesmo ou em outros?

Você tem ideias de como transformar poder sobre outros em capacidade de organização – no trabalho, em casa, na sociedade?

ATITUDES

Conseguir descansar

Muitas pessoas sofrem por não poderem descansar, pois seu dia está totalmente preenchido com deveres e tarefas. Porém, mesmo quando se instala um momento de descanso, elas não conseguem desfrutar dele e não sabem o que fazer com o tempo livre e silencioso.

Jesus dirigiu as seguintes palavras a tais pessoas: "Vinde a mim vós todos que estais cansados e sobrecarregados e eu vos darei descanso" (Mt 11,28). Jesus se dirige àqueles que se extenuam e se obrigam ao desempenho, aos que carregam fardos pesados e que se sentem sobrecarregados. Ele os convida a simplesmente descansar, não pensar em nada, respirar fundo. O teólogo Hubertus Halbfas esclareceu isso com a metáfora do poço. Quando descemos ao fundo do poço de nossa alma, podemos confiar que encontraremos a água da vida, onde poderemos descansar. Os ruídos da superfície não chegam até ali, com os nossos pensamentos barulhentos, os desejos e as expectativas de outras pessoas e sua crítica ou palavras ofensivas. Ali nossa alma é revigorada e fortalecida.

Exercício

Talvez haja perto de você um poço, uma fonte ou simplesmente um rio ou lago onde pode encontrar um lugar tranquilo. Observe a água, talvez você tenha vontade de soltar as mãos, os braços ou os pés dentro dela e sentir como a água refresca você.

Tente perceber dentro de você o que vem ao seu encontro no caminho até o fundo do poço ou o que ressoa no silêncio quando você procura descansar e não consegue.

O que você ouve, o que percebe? Vozes que admoestam? Sentimentos difíceis de suportar? Solidão?

Exercício

Continue imaginando que chegou ao fundo do poço; por assim dizer, no seu âmago, naquilo que realmente perfaz você. Qual é sua fonte? De onde você tira sua força?

Que sensação você tem: a de que a fonte está fluindo ou a de que ela tem um nível baixo de água? Neste caso, o que poderia fazê-la fluir de novo? O que daria a você força e energia?

Você tem ideia de como poderia fazer chover para que sua fonte não seque? O que ou quem poderia fazer isso?

Exercício

Muitas vezes, conseguir descansar, assumir uma atitude de descanso, é algo mais fácil de dizer do que de fazer. Talvez seja difícil sentar-se e ficar quieto, desligar tudo e apenas deixar que as ideias venham à mente. Com demasiada frequência a cabeça começa a rodar e o que sentimos não é exatamente um alívio quando "temos de" ficar sentados no mesmo lugar. Outra possibilidade de conseguir descansar é paradoxalmente o movimento. Por exemplo, muitas vezes um passeio ou fazer uma trilha ajudam a desanuviar a cabeça e situar-se no momento presente. É como se uma rajada de ar fresco tivesse passado pela cabeça.

Outras pessoas saem para caminhar ou correr, nadar ou escalar e rapidamente entram em contato consigo mesmas. Movimento e esporte podem ser como uma meditação e para muitos são mais agradáveis do que ficar sentado quieto.

Experimente o que combina melhor com você. Às vezes um passeio curto já é suficiente para fazer contato consigo mesmo e focar a cabeça e o coração no essencial. Se você quiser, leve uma caneta ou use o telefone celular para registrar seus pensamentos como mensagem de voz.

Confiança

Uma atitude essencial para trabalhar bem é a confiança. Há pessoas que precisam controlar tudo que fazem. Na Bíblia, encontramos esse tema na Parábola dos Talentos: um homem confia seu patrimônio a seus servos antes de sair em viagem. Cada um deles recebe um talento, o que naquela época era muito dinheiro. Dois dos servos trabalham com o dinheiro, correm riscos e conseguem dobrar a quantia que lhes foi confiada. O terceiro servo enterra seu talento. Ele tem medo de perder alguma coisa do dinheiro. No entanto, seu pensamento fixado na segurança impede que ele seja bem-sucedido. Pelo contrário: quando seu senhor retornou foi implacável com ele. Quando trabalhamos com medo de que outros possam encontrar um erro em nós e nos fixamos naquilo que eles pensam de nós, nosso trabalho não trará bênção nenhuma. Enterraremos a nós mesmos. Devemos ousar fazer nosso trabalho com confiança. Fazer algo sempre requer confiança. Só consigo confiar se admitir para mim mesmo a possibilidade de perder. Quem não souber perder tampouco ganhará algo.

Confiança é uma atitude que não é fácil de exercitar. Talvez não se trate tanto do medo de que outros descubram nossos erros e mais do medo do que poderia acontecer quando soltamos algo, quando deixamos algo para outro fazer, quando deixamos de controlar. Cada um de nós conhece situações nas quais realmente pode relaxar, nas quais pode confiar sem pensar duas vezes. Por exemplo, nos braços das pessoas que ama. Ou ao nadar: confiamos que a água nos carregará.

Quais são as situações, quais são as pessoas com que você pode relaxar, fazer algo sem pensar, em que pode confiar cegamente?

O que permite que, nesses momentos, você tenha confiança? O que têm essas pessoas, o que há nessas situações, que inspira essa confiança em você?

O que teria de acontecer para que você possa confiar da mesma maneira nas pessoas com quem você trabalha? O que teria de mudar – nos outros ou em sua atitude com elas – para isso acontecer?

Isso também vale para as novidades que ocorrem em nossa vida – e que, num primeiro momento, talvez virem nossa vida de cabeça para baixo. Por exemplo, um novo posto de trabalho. Muitas pessoas sentem medo de tudo que é novo. Deveríamos admitir o medo para nós mesmos. A parábola também quer nos encorajar a perceber o medo e não nos deixar determinar por ele, mas superá-lo na direção da confiança. Quanto mais ousarmos passar do medo para a confiança, tanto mais forte se tornará a confiança e tanto mais alegria nos dará o trabalho.

> Muitas vezes achamos difícil ter confiança no que é novo por não saber o que esse novo significa. Desejamos, é claro, que nossa vida seja melhor e mais agradável, mas não sabemos se será. Isso não está em nosso poder. E isso dá medo. O que pode nos ajudar é enfrentar esses medos e registrá-los por escrito.

O que impede você de começar algo novo em sua vida, como, por exemplo, um novo emprego?
Do que você tem medo?

Se você quiser superar o medo, pode ser de grande ajuda imaginar qual é a pior coisa que poderia acontecer caso você se arrisque a começar algo novo. Anote aqui.

Olhando bem para esse "pior dos casos possíveis": o que poderia acontecer é realmente tão ruim? Talvez você também possa refletir sobre qual poderia ser a solução para o problema. Ou sobre como a situação poderia ser contornada de antemão.

Muitas pessoas não se arriscam a começar algo novo porque simplesmente lhes falta a experiência. Elas vivem há tantos anos, há tanto tempo sob as velhas circunstâncias que, por assim dizer, desaprenderam como fazer alguma coisa de modo diferente ou como fazer alguma coisa nova. O que pode ajudar é começar com pequenas coisas.

 Tente não usar o caminho habitual do trabalho para casa ou até a padaria ou para fazer compras. Tome um caminho mais longo, descubra novas ruas, pelas quais você ainda não passou ou há tempos não passa.

 Na próxima oportunidade, experimente um novo restaurante ou um novo bar. Entre numa loja que ainda não conhece (mesmo que não queira comprar nada nela), leia um guia turístico sobre a sua cidade e descubra coisas que você ainda não conhece.

 No tempo livre, experimente algo novo sem assumir logo o compromisso de continuar com isso: um curso experimental de alpinismo ou *bouldering*, um curso de dança, cozinha ou pintura; tente aprender uma nova língua ou um novo esporte.

 Arrisque-se a fazer algo que lhe dá (um pouco de) medo: saltar do trampolim de três metros, capturar uma aranha e levá-la para fora, sair sozinho no final de semana, atravessar uma ponte pênsil...

50

Encontre significado no trabalho

Um pressuposto essencial para que trabalhemos bem e gostemos de nossa profissão é a relevância do nosso trabalho. Não se trata apenas de identificar um sentido em nossa atividade concreta, mas de vivenciar o trabalho de modo geral como relevante.

No relato da criação (Gn 1,1–2,4) consta isto: "E Deus viu tudo quanto havia feito e achou que era muito bom". Esta é a dignidade do trabalho: que o ser humano pode tornar a vida mais bela, alegrar-se com o que criou. Em seguida consta isto: "No sétimo dia, Deus considerou acabada toda obra que havia feito e, no sétimo dia, descansou de toda obra que fizera" (Gn 2,2). Portanto, o descanso faz parte do trabalho. Esta é uma mensagem importante para nós hoje. Muitas pessoas não conseguem desfrutar o que trabalharam e criaram. Mas nosso trabalho só fica completo quando, a exemplo de Deus, descansamos da obra de nossas mãos e quando podemos admirar aquilo que fizemos. Na reflexão, temos a sensação de que valeu a pena trabalhar.

A língua alemã dispõe da bela palavra "*Feierabend* [fim da jornada de trabalho]", que significa literalmente "anoitecer festivo". Nela está implícito que, ao anoitecer, finda a jornada de trabalho, celebra-se o que foi feito, resolvido, criado durante o dia (naturalmente isso também se aplica a quem trabalha no turno da noite; nesse caso, talvez devesse ser "*Feiermorgen*", ou seja, "amanhecer festivo"). Porém, isso pressupõe uma separação clara entre trabalho e tempo livre; igualmente pressupõe que o tempo de descanso seja levado a sério – o que, na época atual, é bem difícil devido ao *home office* e a trabalhos itinerantes em tempo integral.

Porém está comprovado que faz bem separar esses espaços e também as atividades. Só assim a vida não se transforma em trabalho nem o trabalho em vida. Um pequeno ritual pode ajudar a encontrar o caminho para encerrar o trabalho diário e também permitir-se olhar com benevolência e alegria para o dia que passou.

Exercício

Antes de terminar a jornada de trabalho, tome um tempo para anotar em um bilhete ou em um bloco de anotações o que você realizou neste dia. Não precisam ser artigos completos, apenas algumas palavras-chave. Em seguida, cruze os braços sobre o peito e feche os olhos por um momento. Simplesmente sinta alegria e orgulhe-se do que você logrou fazer, do que alcançou ou criou. Agradeça a você mesmo/a por diariamente assumir e resolver suas tarefas e perdoe-se quando o dia não foi muito favorável e você não conseguiu fazer tudo o que pretendia. Então incline-se brevemente e abra os olhos.

Talvez você consiga sentir que este exercício facilita o movimento de deixar o trabalho de lado e partir para o tempo livre com a mente aberta.

Anotação

Amor ao próximo

Muitos acham que no mundo do trabalho não há espaço para o amor ao próximo. Que ali o importante é desempenho e sucesso, competição e rivalidade. Porém para mim o clima em uma empresa é decisivamente marcado pelo fato de uma liderança tratar os colaboradores com boa vontade, de gostar deles como pessoas. Nesse caso, eles gostarão muito mais de trabalhar. Mas o amor ao próximo também vale para os colaboradores entre si. Se todo dia eu disser para mim mesmo que eles são meus colegas, que gosto deles, se tentar aceitá-los, tratá-los com boa vontade, o amor ao próximo produzirá um clima que me faz bem e no qual os outros gostam de trabalhar. Não devemos interpretar "amor" em termos muito estritos. Ele se refere simplesmente ao vínculo entre as pessoas. Não trabalho apenas ao lado de outros, mas com eles. Onde todas as pessoas se sentem ligadas, elas são mais criativas e têm ideias novas.

Tente durante uma semana inteira ir ao encontro dos seus colegas de trabalho com a seguinte atitude: "Estes são meus colegas. Gosto deles. Tento aceitá-los e tratá-los com boa vontade".

Você sente que algo está mudando no seu íntimo – em sua atitude, seu humor?

Você tem a sensação de que, desse modo, ocorre alguma mudança no clima em torno de você? Será que as demais pessoas também tratam você de modo diferente?

Onde o amor ao próximo é vivido concretamente, a exemplo do que Jesus conta na Parábola do Bom Samaritano, as pessoas não se sentem sozinhas. Elas se sentem apoiadas pelas demais. Isso produz um clima de confiança. Perdemos o medo de que também poderíamos, por assim dizer, cair em poder de salteadores, como, por exemplo, ser acometidos de uma doença e então ser abandonados à nossa sorte por não sermos mais úteis.

A prática do amor ao próximo gera solidariedade e um clima agradável na empresa, que a longo prazo redunda em bênção tanto para a empresa quanto para os colaboradores.

A essência da misericórdia é que ela não rotula nem julga as pessoas. Em primeiro lugar, devo tratar a mim mesmo com misericórdia para não ficar constantemente me rebaixando ou condenando. Então também tratarei meus colegas com misericórdia. É preciso que haja uma atmosfera cordial para trabalhar bem. Quando os corações dos colaboradores estão abertos uns para os outros, surge um vínculo interior. E esse vínculo promove a vontade de trabalhar. Ele é a condição para que todos gostem de trabalhar juntos.

Largar o trabalho

Muitos têm dificuldade de desapegar do trabalho durante sua vida profissional porque se definem por meio dele. Quando chegam em casa ao anoitecer, seus pensamentos ainda giram em torno do trabalho, pois ele é que perfaz sua vida. Eles negligenciam a si mesmos e sua família. Para essas pessoas é muito difícil quando perdem o emprego ou quando estão para se aposentar, porque então sentem o quanto o trabalho e a posição que tinham dominaram sua vida, determinaram seu valor. Elas se sentiam úteis. Eram importantes. Trata-se, portanto, de descobrir quem sou como pessoa.

O que eu gostaria que me definisse?

E o que quer dizer "largar o trabalho" – inclusive quando eu ainda trabalho todos os dias?

Pense bem: quem é você – para além do seu trabalho, como simples ser humano? O que perfaz você?

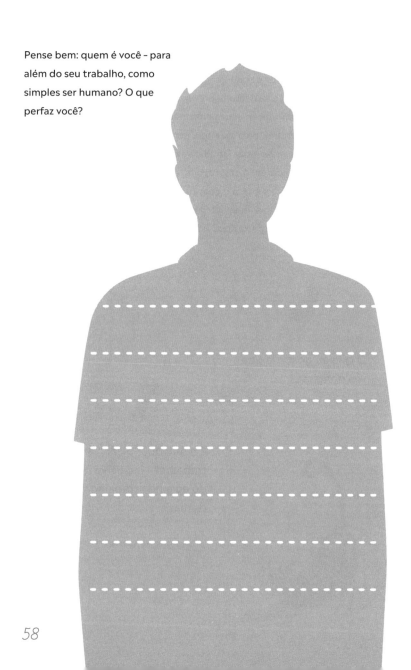

Na história em que Abraão sai de sua pátria, a Bíblia nos dá um belo exemplo de como se larga tudo (Gn 12,1ss.). Os monges entenderam esse êxodo de três maneiras.

Em primeiro lugar, ele deve deixar para trás todas as dependências e todos os vínculos, bem como todos os hábitos. A situação de trabalho se torna um hábito para nós no decorrer dos anos. Nela nos sentimos abrigados e em casa.

O segundo êxodo é emigrar dos sentimentos do passado. Há pessoas que ficam o tempo todo falando só do que realizaram ou dos traumas que sofreram na infância ou durante o exercício de sua profissão. Podemos perfeitamente recordar com gratidão o que fizemos em nosso trabalho. Mas não podemos nos apegar a esses sentimentos do passado.

O terceiro êxodo se refere a emigrar do que é visível. O mundo do trabalho é concreto. Nele podemos ostentar algo. Agora se espera que emigremos rumo a algo que é invisível. Carl Gustav Jung acha que só sobreviverá quem estiver aberto para o transcendente, para aquilo que não podemos fazer nem fabricar nem organizar.

O que poderia significar concretamente para você esse êxodo triplo?

O êxodo de todos os hábitos, dependências e vínculos:

O êxodo do passado, dos velhos sentimentos:

O êxodo do que é visível:

Portanto, com o êxodo de Abraão a Bíblia nos mostra como podemos ser bem-sucedidos em largar as coisas. Trata-se, em última análise, de um desafio espiritual: largo o que praticamente cresceu comigo e aquilo que me perfaz; largo os papéis que desempenho; largo as coisas a que me apego e a partir das quais me defino, pondo-me a caminho do meu eu verdadeiro, do mistério íntimo da minha pessoa, em busca de algo novo. Isto passa a ser a missão da minha vida: ser alguém que busca e que pergunta. Isso me mantém vivo. Sou curioso, quero questionar tudo e cada vez mais olhar atrás dos bastidores – inclusive dos meus.

IDEIAS PARA O COTIDIANO

Rituais

Uma boa maneira de fazer pausas são os rituais: atividades breves e repetidas que podem se tornar hábito. Os rituais criam um tempo sagrado. E esse tempo sagrado transforma também o restante do tempo. Os rituais interrompem o trabalho e fazem reluzir, em meio ao cotidiano, algum sentido, alguma transcendência, algum amor e alguma reverência.

Exercício

Rituais são exercícios. De manhã, faço o seguinte exercício: paro em pé, levanto minhas mãos em gesto de bênção e deixo a bênção fluir para as pessoas com as quais e para as quais trabalharei neste dia. Tenho o hábito de fazer uma breve pausa antes de toda reunião de trabalho e pedir a bênção de Deus para aquele encontro.

Quem sabe você tenha vontade de experimentar pessoalmente esse exercício. O melhor momento de fazê-lo é logo depois de levantar da cama, pode ser junto à janela aberta, mas também no chuveiro. Em todo caso, seria bom que o fizesse antes de ir ao primeiro encontro com outras pessoas. Ele ajuda a criar o estado de espírito básico para o dia – com palavras de bênção no coração e na mente o encontro com nós mesmos e com outros será mais alegre, mais aberto, mais terno.

Se você quiser, poderá anotar aqui uma oração de bênção ou as experiências que você fez com este exercício:

Exercício

A exemplo do exercício de término da jornada de trabalho (cf. p. 53), você também pode pensar em um pequeno ritual antes de iniciar a jornada de trabalho, um ritual que lhe permita dar uma parada antes de entrar em rotação máxima. Uma ideia é instalar na tela inicial do computador um texto que seja importante para você, uma oração, uma história de sabedoria, uma mensagem para você mesmo. Antes de começar com o primeiro e-mail ou com o primeiro ponto da lista de coisas a fazer, dê uma paradinha, medite sobre o texto, deixe que ele chegue ao seu coração. Isso também ajuda a dar uma boa largada em uma manhã sombria ou casmurra ou muito agitada.

Outra ideia: antes do início das atividades, faça um chá ou um café ou alguma outra coisa de que você gosta, e demore dois minutos a mais para chegar até o local em que trabalha. Tome ciência das pessoas ao seu redor, do espaço em que está, talvez também do clima e da estação do ano. Quando sentir que você está bem presente, dê a largada no seu trabalho.

Exercício

Nem todos gostamos de levantar cedo, e há quem já tenha dificuldade suficiente até para começar o dia, e, por isso, não mostre receptividade nenhuma para um ritual. Basicamente, porém, um ritual não precisa estar acoplado a uma hora ou a um turno do dia. Ele pode ser feito também no passeio durante o intervalo para o almoço, no qual volto a fazer contato comigo, a respirar fundo e esquecer o trabalho por algum tempo, a arejar a cabeça. Ou posso fazer uma pausa consciente após o intervalo do meio-dia e antes de partir para a segunda metade da jornada de trabalho. Ou pode ser a xícara de café após o almoço com ou sem bolachinha e chocolate, durante a qual bem conscientemente tomo tempo para não fazer outra coisa além disso e desfrutar o momento.

A única coisa que importa, na verdade, é que eu tenha a sensação de que isso está me fazendo bem. Posso respirar fundo e aliviado. Estou lidando com o meu trabalho e não permito que ele me faça correr pelo dia como um capataz de chicote na mão. Faço contato com o aqui e o agora.

Talvez não seja possível manter o ritual todos os dias. Mas eu deveria tentar fazer o mínimo possível de exceções.

Mas talvez tenha ideias bem diferentes e bem próprias sobre como poderia ser um ritual que combina com você e que lhe faça bem. Anote as suas ideias aqui:

Pausas

São Bento tomou providências para que os monges, apesar de todo o trabalho, sempre tenham também períodos de descanso. Ele reservou sete momentos no dia para a oração comunitária. A oração interrompe o trabalho e faz com que o monge consiga aquietar-se diante de Deus. Mas São Bento não queria só a oração comunitária que, no decorrer do dia, repetidamente proporciona pausas para descanso. Ele também convida os monges a fazerem sua oração pessoal. Ao fazer isso, ele não entende a oração como realização, mas como o lugar em que o monge encontra a si mesmo diante de Deus. Esse encontro honesto comigo mesmo me proporciona real descanso. E, a partir desse descanso interior, consigo então trabalhar de maneira bem diferente.

Não precisa ser com uma oração que se interrompe o dia repetidamente. E talvez seja difícil de encaixar sete interrupções no cotidiano do trabalho. Mas fazer pausas repetidas e de fato interromper o trabalho é importante para encontrar a si próprio e, portanto, não se perder totalmente no trabalho nem se deixar consumir por ele. Assim talvez se consiga manter o equilíbrio entre trabalho e oração. Como já foi dito, a oração pode ser entendida como um tempo de parada, um tempo em que me aquieto, interrompo o trabalho para estar inteiramente comigo mesmo, para me recolher ao espaço interior da quietude. As pausas não nos distraem do trabalho, mas nos capacitam a manter a tranquilidade interior em uma atmosfera ruidosa e agitada.

Exercício

Uma ideia a respeito disso é inspirada no cotidiano dos monges. Para cumprir os sete momentos de oração que se distribuem pelo dia, eles recorrem ao assim chamado breviário. Ele contém todos os textos e cantos que são lidos e cantados nesses momentos.

Hoje em dia, esses textos são um tanto estranhos para a maioria das pessoas. E há quem tenha suas dificuldades com orações. No entanto, a ideia por trás do breviário também é para não monges, uma boa possibilidade de interromper repetidamente o trabalho com um texto especial, uma palavra de sabedoria, uma história e assim entrar em contato com a fonte que brota do fundo da nossa alma.

Componha um breviário para você mesmo! Isso é bem simples: adquira uma caderneta de bolso com um *design* que lhe agrade. Anote nela citações, textos de sabedoria, versículos bíblicos, histórias, impulsos, quaisquer textos que sejam importantes para você. Também pode colar dentro dela recortes com achados importantes e pequenas recordações. O livro não precisa estar pronto, você pode continuar compondo-o indefinidamente, sempre que encontrar algo novo que, a seu ver, caiba nessa caderneta.

Exercício

Escolha, então, dois momentos do dia (podem ser mais, caso você consiga integrá-los no cotidiano e eles não se tornem um fardo em vez de lhe fazer bem) e abra o seu breviário em uma página qualquer. Veja o que o acaso lhe presenteia para esse momento na forma de um texto ou uma lembrança, e tome cinco minutos para refletir sobre isso ou simplesmente permita que isso faça efeito sobre você em silêncio.

Se quiser, adquira uma segunda caderneta para anotar brevemente os seus pensamentos. Desse modo, com o passar do tempo surgirá uma arca do tesouro que você poderá abrir em determinados momentos do dia para estar brevemente com você mesmo, com seu íntimo, com sua fonte interior.

Exatamente quando temos a sensação de não ter tempo devido à quantidade de trabalho a fazer, as pausas são importantes. Elas ajudam

a ganhar distância em relação ao trabalho. Em seguida, também se consegue colocar novas prioridades ou ver que algumas das coisas nem são tão urgentes assim. Mas é preciso que as pausas sejam ativamente planejadas – e então observadas. Se isso for difícil para você, busque apoio:

 Marque um encontro com uma ou um colega para almoçar ou para um passeio na pausa para o almoço ou o café da tarde. A conversa com outras pessoas ajudará você a ter outras ideias mais rapidamente.

 Marque um encontro com você mesmo em seu calendário ou celular, para que, em todo caso, seja lembrado e o tempo não acabe passando em branco.

 Desenvolva uma "rotina de pausas" que lhe faça bem; na qual, as exceções realmente sejam raras. Isto é: faça a pausa sempre no mesmo horário e durante o mesmo tempo. Paulatinamente, a interrupção ficará embutida na estrutura do seu dia e você não precisará mais pensar ativamente em fazer pausas.

 Conceda-se alguma coisa boa durante a pausa: uma xícara de chocolate quente, um passeio, um exercício de alongamento muscular, passar creme nas mãos, abrir as janelas e respirar fundo, um biscoito, uma cenoura... o que quer que seja do seu agrado. Isso ajuda a não sentir a pausa como interrupção incômoda, mas como boa perspectiva no seu cotidiano.

Na *Regra de São Bento* está escrito: "Na hora do Ofício Divino, logo que for ouvido o sinal, deixando tudo que estiver nas mãos, corra-se com toda a pressa" (*Regra de São Bento* 43,1). E hoje de fato fazemos isto, pois não importa em que trabalho estamos metidos, não importa o quanto é importante para nós "terminar só mais uma coisinha": quando o sino toca chamando para a missa, deixamos tudo como está e nos pomos a caminho da oração. Isso também ajuda a não perder o equilíbrio entre trabalho e encontrar-se consigo mesmo, pois deixa claro: a pausa é tão importante quanto o trabalho. O trabalho nem sempre tem a prioridade em relação a todas as demais coisas. O que faço para os outros não é mais importante do que aquilo que faço na interrupção, na pausa, por mim mesmo.

Tente praticar isso no seu trabalho e encarar as pausas como tão importantes quanto o trabalho. Pode ser que as pessoas no seu entorno achem você comportado por ater-se tão estritamente a isso, mas, ao fazê-lo, pense que você se considera importante – pelo menos tão importante quanto o trabalho.

Anote aqui suas ideias ou experiências:

Porém fazer pausas não significa só interromper repetidamente o cotidiano do trabalho. Pode significar também conceder a você mesmo/a uma pausa depois do trabalho. Pois com frequência nosso cronograma diário não termina com o trabalho, mas continua com outros compromissos: exercitar-se na academia ou jogar tênis, arrumar o porão ou limpar as vidraças, coisas há muito adiadas, o programa vespertino com as crianças, lavar roupa, preparar o jantar...

Muitas dessas coisas você talvez nem entenda como compromisso nem como trabalho. Porém costuma ocorrer que as muitas coisas para dar conta depois da jornada de trabalho nos parecem como uma obrigação que às vezes é difícil de aguentar. Nessas horas, pausas e pequenos intervalos podem ajudar a encontrar-se consigo mesmo/a, não se deixar consumir pelos deveres.

 Sinta em você mesmo/a o que poderia lhe fazer bem. Se você perceber que não está a fim de praticar esporte, mas que seu corpo precisa mesmo de um bom descanso, conceda-se uma noite deitado/a no sofá, um banho de banheira, uma cerveja com os amigos ou um bom jantar, dormir cedo...

 Dê um dia livre para você mesmo/a! As vidraças também podem ser limpas outro dia e o porão não vai fugir. Conceda-se realmente um tempo livre para fazer o que você mais gosta.

 Seja indulgente consigo mesmo. Você não precisa sempre fazer tudo que tem para fazer. Não há problema em admitir: isso é demais para mim hoje. No caso da maioria das coisas que achamos que precisam ser resolvidas a todo custo, somos os únicos que esperam isso de nós.

 Quando se trata de coisas que simplesmente têm de ser resolvidas – o jantar, o programa vespertino com as crianças, o trabalho doméstico – tente sempre encontrar outras saídas: se preparar o jantar é muita coisa, encomende algo por pronta-entrega ou convide sua família para comer fora; pergunte a seu parceiro ou sua parceira se não seria possível alternar o programa vespertino com as crianças ou se ele/ela poderia assumi-lo por dois dias seguidos – e você oportunamente faz o mesmo pela outra parte; terceirize o trabalho de passar roupa com alguém que presta esse serviço. Com frequência também é possível encontrar soluções boas quando você admite francamente para alguém: "Não posso mais, por favor, ajude-me a encontrar uma solução".

Quem sabe você venha a ter ideias bem próprias se admitir que não precisa funcionar o tempo todo e que precisa de uma pausa?

Fazer planos, e concretizá-los

Planos e listas podem ser um auxílio bom e importante para estruturar o dia a dia e manter o equilíbrio entre trabalhar e viver. Eles ajudam você a realmente cumprir as pausas e estipular prioridades quanto ao que tem de ser feito e resolvido agora. No entanto, o melhor dos planos de nada adianta se não nos ativermos a ele. A razão pela qual muita coisa fica sem ser feita é que frequentemente os planos já não são realistas. Na verdade, já sabemos muito bem que esse trabalho não vai poder ser feito no prazo imaginado. Mas mesmo assim o colocamos dessa forma na lista porque queremos que esteja pronto ou porque deve estar pronto. Ou porque desejamos que assim seja. Isso também vale para os planos cotidianos, nos quais colocamos itens demais. Por isso, muitas vezes a única coisa que esses planos produzem é frustração. Justamente porque nunca conseguimos concretizá-los e, então, recriminamos a nós mesmos por não termos conseguido. Fazer planos realistas requer, em primeiro lugar, alguma prática – tanto em termos de estimativa pessoal quanto na concretização. E, ao praticar, é de grande ajuda se formos indulgentes conosco caso não tenhamos êxito logo na primeira vez.

Se você observar algumas coisas ao fazer planos, é bem mais provável que consiga atingir as metas estipuladas.

Não incorrer na Síndrome de Pippi Langstrumpf, ou seja: "Sou eu que faço o mundo como me agrada". Isso quer dizer: se você quiser retomar o esporte, não ponha logo em sua lista três sessões por semana só porque isso é sua meta. Planos não são listas de desejos, mas auxílios para dar conta das coisas como elas são. Planeje uma sessão e, se isso funcionar bem durante algumas semanas, você poderá aumentar a frequência mais adiante.

Use o cronômetro: fique de olho no relógio quando estiver resolvendo alguma coisa, seja fazendo compras, faxinando a residência ou uma tarefa rotineira no local de trabalho. Desse modo, você desenvolverá um senso realista para o tempo que necessita para cada coisa e será capaz de fazer seu planejamento com o tempo real e não o tempo desejado.

Deixe folgas: não engesse seu plano de antemão de tal maneira que só poderá dar conta dele se fizer as coisas com pressa e nada imprevisto acontecer. Deixe folgas para respirar, espaço para pausas, nem sempre otimize o tempo para todas as coisas a resolver, mas deixe espaço suficiente no plano para um bate-papo com a vizinha ou um café ao sol sem que isso faça tudo sair dos trilhos.

Preveja "espaços em branco": deixe espaço para momentos não planejados, nos quais você poderá decidir espontaneamente fazer algo que de repente ficou com vontade. E, se você não utilizar esse tempo ou estiver embalado em seu trabalho, fazer algo mais rápido do que o planejado não leva um plano a fracassar!

PLANEJAMENTO SEMANAL

Dia	Hora	Compromisso/duração

Você pode usar estas tabelas tanto no trabalho quanto para planejar o dia – pode fazer uma cópia ampliada ou inspirar-se nelas para estabelecer um plano próprio ainda mais afinado com as suas necessidades.

Tarefa	Com quem

LISTA DE COISAS A FAZER

A fazer	Telefonema	E-mail
○	○	
○	○	
○	○	
○	○	
○	○	
○	○	
○	○	
○	○	

	Compromisso de trabalho	Compromisso particular
○	○	○
○	○	○
○	○	○
○	○	○
○	○	○
○	○	○
○	○	○
○	○	○

Traçar limites/criar espaços

Pausas e planos ajudam a impedir que a vida consista só de trabalho ou que o trabalho assuma o leme da nossa vida, fazendo com que permaneçamos capitães dela. Para isso, porém, sempre é necessário traçar limites que o trabalho não pode ultrapassar ou criar espaços aos quais ele não tem acesso. Ao lado das pausas, trata-se de "tempos-tabu" que estão reservados para a família e para as necessidades pessoais. São tempos protegidos, tempos sagrados, nos quais ninguém pode penetrar, sobretudo não as expectativas e obrigações profissionais. Esse tempo sagrado também transforma o restante do tempo, porque então posso me concentrar totalmente no trabalho sem medo de que ele me consuma ou determine totalmente.

O simples fato de compreender que esses tempos sagrados são importantes também é uma questão de atitude interior. Para mim, essa atitude é expressa pela seguinte palavra de Jesus: "O que adianta alguém ganhar o mundo inteiro, se vier a se prejudicar? Ou, o que se pode dar em troca da própria vida?" (Mt 16,26).

Você tem esses tempos sagrados que nada nem ninguém tem permissão para ocupar? Em caso afirmativo: em que consistem?

Em caso negativo: o que é sagrado para você? Qual é a ação, qual é a vivência que conecta você com sua fonte interior? Você veria a possibilidade de instaurar tais tempos em seu cotidiano com base nelas?

Os diferentes âmbitos da nossa vida devem estar interconectados de tal maneira que a vida flua. Cada qual deve saber a medida certa das coisas para si mesmo, o quanto consegue trabalhar para que sua vida permaneça em fluxo. Não se trata só da medida exterior de tempo, mas também da medida interior: que importância tem o trabalho para mim? Com que atitude interior eu trabalho? Só encontrarei um equilíbrio entre o trabalho e os demais âmbitos de minha vida quando tudo fluir de uma fonte interior, da fonte que está no fundo da minha alma. Nesse caso, não se tratará mais só de estabelecer períodos exteriores para o trabalho, para a família e para mim mesmo, mas também da conexão interior. Quando isso acontecer, os polos não vão mais interferir um no outro, mas se complementar reciprocamente.

Qual a importância do trabalho para você? Com que atitude você vai trabalhar?

Você sente uma conexão interior entre os dois polos da sua vida? Eles se complementam ou, no momento, eles tendem a se repelir?

Caso estejam se repelindo: o que teria de acontecer para mudar isso?

O que podemos fazer para encontrar um ponto de equilíbrio interior entre trabalho, família e esfera privada? Para mim, uma maneira importante é escutar minha alma, meu coração e meus sentimentos. Se minha alma dá a impressão de estar vazia, trata-se de um sinal de alarme de que estou prestes a perdê-la. Nessa hora, é importante dar atenção aos sinais emitidos pela alma.

O que ela está querendo me dizer?

O que ela gostaria de ter ou fazer?

Ela está me empurrando para onde?

Com frequência a alma sabe exatamente o que lhe faz bem.

Escute dentro de você e reflita sobre o que faria bem à sua alma. Anote aqui as respostas:

O que você precisaria fazer na vida para escutar mais sua alma?

Zelar pelas coisas

São Bento escreve o seguinte na regra de sua ordem: "Veja todos os objetos do mosteiro e demais utensílios como vasos sagrados do altar" (*Regra de São Bento* 31,10). Nesse contexto da regra, isso é dito para o celeireiro, o administrador do mosteiro. Porém eu acho que se trata de uma boa atitude que se aplica a qualquer pessoa.

Interpretado para nós hoje, significa que não tomemos como óbvias as coisas com que lidamos diariamente. Por exemplo, o fato de termos trabalho, um teto sobre a cabeça, dinheiro para comprar comida, livros ou uma entrada para o cinema. Mas também o material de escritório, o computador, que é posto à nossa disposição pelo empregador, as ferramentas de trabalho com que podemos ganhar nosso sustento. E, não menos importante, nosso corpo que torna tudo isso possível.

São tantas as coisas que nem percebemos mais em nossa rotina cotidiana simplesmente porque estão todo dia ao alcance da mão. Voltar a encarar e tratar tudo isso como vaso sagrado permite que voltemos a apreciar as coisas e as pessoas que nos rodeiam e que talvez tenhamos ignorado ou punido com o nosso desprezo.

Quando você chegar ao seu local de trabalho, procure tomar consciência das coisas com as quais você lida todo dia. Reflita sobre qual delas é especialmente valiosa para você, aquelas que não poderia ou quereria renunciar e anote aqui.

Pense em como você poderia valorizá-la de modo especial.

Procure perceber também as pessoas com as quais você tem contato diário, que fazem o trabalho com você. Talvez hoje você lhes diga algo especialmente gentil ou queira saber algo de sua vida pessoal, talvez faça com que sorriam ou lhes assegure seu apoio.

Anote suas experiências aqui:

No entanto, tratar todas as posses e todos os instrumentos como "vasos sagrados do altar" também pode significar não menosprezar, nem falar ou pensar mal do próprio trabalho, das e dos colegas nem da empresa na qual trabalho. Isso não quer dizer que preciso agir como se tudo estivesse bem e negar ou varrer para debaixo do tapete as mazelas e dificuldades. O que muitas vezes ocorre é que, entre colegas, deixamo-nos arrastar para uma atitude de reclamar de tudo e de todos. E às vezes olhamos de cima para baixo para as pessoas que realmente precisam do produto que fabricamos. Encarar todas as coisas com que lido como "vasos sagrados do altar" significa, então, mudar minha atitude e, por exemplo, colocar-me na pele das pessoas que compram o produto do meu trabalho. Alegrar-me com o fato de que ele contribui para melhorar um pouco a vida delas. Ou não me associar ao queixume generalizado, mas pensar em soluções para mazelas existentes e mencionar o que funciona bem na empresa.

Você tem a sensação de encarar seu trabalho desse modo? Seguem algumas perguntas que podem ajudar você a mudar sua atitude.

Quem é o destinatário do seu trabalho? O que você faz ajuda a resolver o problema das pessoas? Como isso torna a vida delas um pouco melhor?

Quais são as reais mazelas e dificuldades na empresa em que você trabalha no momento?

O que você poderia fazer para mudar isso? Com quem você poderia falar sobre isso? Onde, em que instância você poderia chamar a atenção para isso?

Você estaria disposto a empenhar-se pela mudança e responsabilizar-se por ela?

Em sua regra, São Bento fala do mal da murmuração (*Regra de São Bento* 34,6). Murmurar quer dizer aqui que, pelas costas do abade, os monges se queixavam de tudo no mosteiro, mas pessoalmente não tinham coragem de tocar no assunto na comunidade. Muitas vezes nem se trata de mazelas, mas de alguma insatisfação que não tem necessariamente algo a ver com as circunstâncias reais, mas está dentro dos monges e pouco a pouco intoxica a comunhão. Isso com certeza não vale só para os monges. Muitos já fizeram esta experiência: em algum momento, a mania de reclamar e murmurar leva a pessoa a uma espiral de negativismo que de repente faz tudo parecer ruim e difícil. E isso acaba tirando o gosto pelo trabalho. Com frequência nos deixamos contaminar por essa murmuração e só quando já é muito tarde percebemos que essa é a razão pela qual perdemos a vontade de trabalhar.

Tente instalar em você algo como um sistema de alerta preventivo contra a murmuração. O que pode auxiliar nesse sentido é obter um "escudo", no qual você anota tudo que lhe traz alegria no trabalho, o que você considera bom na empresa, no colegiado, no resultado do trabalho que você faz.

Anote aqui, depois copie a página ou formate uma página extra para o seu local de trabalho, que você fixará em um lugar bem visível, onde seu olhar incida o tempo todo. Quando você sentir que, durante o trabalho, sua mente passa a se ocupar com pensamentos negativos, olhe para essa lista. E então decida se seu trabalho de fato piorou ou se você foi contaminado pela murmuração.

MEU ESCUDO

Desapegar

Só encontramos o equilíbrio autêntico quando aprendemos a desapegar. Isso significa: não mais se definir pelo trabalho, mas viver como o homem ou a mulher que sou, como essa pessoa única que sou. E também entender isto: eu tenho trabalho, mas não sou meu trabalho. O que vale mesmo não é o que realizei, mas quem sou. Não mais se trata de fazer, mas de ser. Trata-se de ser cada vez mais essa pessoa singular criada assim por Deus e deixar uma marca pessoal gravada neste mundo.

O desapego tem muitos aspectos. Um deles é a liberdade. Nas bem-aventuranças, Jesus fala dos "que têm espírito de pobre". Isso se refere à liberdade interior. Ela se aplica à maneira de lidar não só com dinheiro, mas também com o trabalho. Eu me concentro totalmente no trabalho, mas não me apego a ele. Eu preservo minha mobilidade.

Você pode achar o rastro dessa liberdade se brincar um pouco com as ideias:

O que aconteceria com você se pedisse demissão ou perdesse o atual emprego? Isso mudaria algo em você como pessoa? Como isso afetaria você?

O que aconteceria na empresa, no seu local de trabalho, se você pedisse demissão ou perdesse o emprego? O que mudaria e o que permaneceria como está?

Se você pudesse escolher deixar tudo como está ou começar algo totalmente novo, que decisão tomaria?

Se você pudesse escolher algo novo, o que seria?

O que impede você de fazer exatamente isso?

Outro aspecto do desapego é a serenidade. Justamente o cotidiano profissional proporciona seguidamente situações em que fica difícil manter-se sereno – porque nós cometemos erros e os outros também os cometem, porque decisões são tomadas com as quais não estamos de acordo e sobre as quais não temos influência, porque acontece um imprevisto que estraga nossos planos.

Nesses casos, com frequência perdemos nosso equilíbrio emocional e somos dominados pela raiva e pelo medo. Aqui também pode ser de ajuda examinar a tradição dos monges: os Padres do Deserto que viveram no século III d.C. ocuparam-se criticamente a fundo com as emoções. Um dos conhecimentos adquiridos desse modo foi este: eu tenho sentimentos, mas não sou meu sentimento. Eu tenho raiva, mas não sou minha raiva.

Essa postura transposta para a prática é de grande ajuda em muitas situações, principalmente quando ficamos irritados.

Num primeiro momento, é comum sentir fisicamente a raiva e a ira. Ficamos com calor, o coração bate mais rápido, às vezes ficamos com vontade de sair de nós. Nesse caso, pode ser de ajuda proporcionar à raiva uma válvula de escape física para reduzir a pressão.

 Imprimir em papel rascunho o e-mail que nos irritou, amassá-lo e jogá-lo na parede. Ou fazer um aviãozinho de papel com ele e mandá-lo pelos ares.

 Depois de uma conversa difícil, sair para tomar ar, acelerar o passo e caminhar até a raiva passar.

 Caso haja a possibilidade de fazê-lo: pegar uma pedra e jogá-la com toda força em um rio ou lago – naturalmente sem causar dano nem ferir ninguém.

 No mato ou no carro, expulsar a raiva em altos brados.

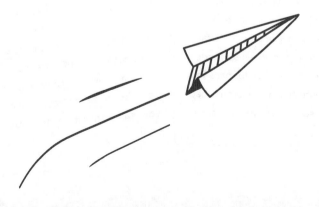

Provavelmente todos já passaram por isto: não conseguiram controlar a ira e disseram coisas de que depois se arrependeram. Para evitar essas situações, podemos impor a nós mesmos algo como leis pétreas, que prometemos a nós mesmo nunca violar. A seguir algumas ideias para as "tábuas da lei":

§ Se eu me irritar com o teor de um e-mail, não responderei de imediato. Posso até redigir uma resposta, porém não a enviarei, mas a guardarei na pasta de rascunhos ou a apagarei.

§ Dormirei uma noite sem fazer nada a respeito. Na manhã seguinte, lerei o rascunho do e-mail mais uma vez. Se ainda achar que é a reação adequada, eu a enviarei. Caso contrário, eu a apagarei e formularei outra resposta.

§ Isso também se aplica a conversas que mantenho. Na pior das hipóteses, direi que vou interromper a conversa nesse ponto e continuar no dia seguinte, depois de uma noite bem dormida.

§ Se por intermédio de terceiros eu obtiver informações que me deixem furioso/a ou magoado/a, não aceitarei isso simplesmente como fato consumado, mas irei a fundo e confirmarei a informação e o contexto em que foi enunciada, buscando-a na fonte original.

§ Quando eu tiver um conflito com alguém no contexto profissional tentarei primeiro resolvê-lo com a própria pessoa, sem envolver colegas ou superiores nem puxá-los para o meu lado. Somente depois que essa tentativa fracassar, vou ponderar com calma como resolver o conflito em outro nível, sem prejudicar a mim mesmo nem a outra pessoa.

Nesse contexto, desapegar também pode significar o seguinte: ponderar se, nesse conflito, nessa raiva, de fato se trata da questão em pauta – ou talvez se trate mais de mim que do conflito propriamente dito. Nesse caso, também ajuda fazer algumas perguntas para mim mesmo/a:

> O que faz com que eu fique com tanta raiva? A meu ver, trata-se de uma decisão equivocada ou um erro desnecessário ou me sinto ofendido/a, porque minha competência foi questionada ou fui ignorado/a em alguma decisão?

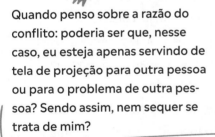

> Quando penso sobre a razão do conflito: poderia ser que, nesse caso, eu esteja apenas servindo de tela de projeção para outra pessoa ou para o problema de outra pessoa? Sendo assim, nem sequer se trata de mim?

> Vale a pena eu comprar essa briga? A causa em jogo vale a pena para mim? Ou eu poderia simplesmente deixá-la de lado sem nenhuma sensação de resignação, porque na verdade nem é tão importante?

As condições exteriores são importantes para o equilíbrio entre trabalho e vida. Porém mais importante é escutar a própria alma, ter o senso para a demanda do momento. Só tendo ciência disso é que também reservarei tempo para isso. Nessa tentativa de tomar tempo, a seguinte palavra de Jesus pode representar um auxílio importante: "O que adianta alguém ganhar o mundo inteiro, se vier a se prejudicar? Ou, o que se pode dar em troca da própria vida?" (Mt 16,26). Eu simplesmente cito a palavra de Jesus para mim mesmo. Então dentro de mim as coisas assumem as devidas proporções. De repente, todas as razões pelas quais eu devo trabalhar ainda mais e ter ainda mais sucesso perdem seu poder. Em meu coração, é suscitada outra intuição: a intuição de que está em jogo a vida, o amor e a alma. A alma não pode ser cerceada, ela quer voar livre, ela quer respirar e dar-me asas em tudo que faço.